DAVID GROULX

BI-GISHKOZIITWIN BIIDAANZHED BIIDAABANG

SHIRLEY IDA WILLIAMS
MAANDA GAA-AANKINOOJBIIYAAN

BookLand press

Canada gii-nji-mzinaakizigaademgwad / Printed in Canada

Mzinigan-gamig miinwaa Gete-mziniganan gnowenjigan Canada enji-maawndoobiigaadegin Meznaakizigaagedgin
Library and Archives Canada Cataloguing in Publication

Groulx, David A., 1969-
[Rising with a distant dawn. Ojibwa]
Bi-gishkoziitwin biidaanzhed biidaabang / David Groulx; Shirley Ida Williams maanda gaa-aankinoojbiiyaan.

(Canadian Ntam debendaagozijig giigidowinan)
Poems.
Translation of: Rising with a distant dawn.
Issued in print and electronic formats.
ISBN 978-1-926956-99-2 (pbk.).--ISBN 978-1-77231-000-9 (epub).--
ISBN 978-1-77231-001-6 (pdf)

I. Williams, Shirley, translator II. Title. III. Title: Rising with a distant dawn. Ojibwa. IV. Series: Canadian Aboriginal voices

PS8563.R76R57175 2015 C811'.54 C2015-900364-4
C2015-900365-2

We acknowledge the financial support of the Government of Canada through the National Translation Program for Book Publishing, an initiative of the Roadmap for Canada's Official Languages 2013-2018: Education, Immigration, Communities, for our translation activities. We acknowledge the support of the Canada Council for the Arts, which last year invested $157 million to bring the arts to Canadians throughout the country. We acknowledge the support of the Ontario Arts Council, an agency of the Government of Ontario.

Canada Council for the Arts Conseil des arts du Canada

ONTARIO ARTS COUNCIL
CONSEIL DES ARTS DE L'ONTARIO
an Ontario government agency
un organisme du gouvernement de l'Ontario

Nmokwendimaanaanig zhoonyaa gaa-miigwejig oodi sa Gchi-gimaanaag Canada, bekish Kina monpii Eni-aakinoosing Nokiiwaansan maanda Mzinigan Mzinaakzigaadek niwi sa nji ezhi-aankinoodowaang zhichiganan. Emzinbiigejig, bekish eko-ngobiboongak gii-miigwewag Ngoding madaaswag-shi-naanan shi-niinwin-shi midaaswag gi-biijgaadek maanda maanjiinwin monpii Canadian-ag kina endaajig akiing. Nmokendimaanaanig gaa-zhi-aasgaabwitaagewaad Ontario Maanjiinwin Egiitaawdabjig, goonda enkiijig nji-sa gchi-gimaanaang monpii Ontario.

E-KINWAAJIBIIGAADEG WAANAABIISING MZINAGANING

KWEWAG GII-AANJII-WAG

Kina gegoo gii-daapinigaade shkwonganing
kwewag gaa-yaajig zhiwe
gii-aanjiiwag
di-binoojiinmowan geye
shkweyaang pabwinan zhiwe gete
Anishinaabe daabaanag
ngii-mjimendaan dbishkoo-zhoominan
e-niishkaajigoyan
zhi-aanjiiwaad gchi-odenaang
dbishkoo okies/ezaawzijig
miinwaa dbishkoo wiinwaa
gdoo-ngowaanaanig
shiwe-miikanaang
naasaab go dbishkoo wiinwaa
biinji-kweng
bimaadiziimgad maanda ezhi-naakgonigowing

NGII-BI-KOGINIGOO AANAND DIBAAJIMOOWINAN

Dibaajimoowinan noos gaa-wiindimoowid nji-sa
Albert Johnson, gaa-nshkaaji-ngwaaged gaa-njibaad
Gchi-waabgonoojiin-ziibiing
Kit Carson
noos miinwaa Kit Carson
ngii-dkonig epiichi-minikwed ebiiteyaagimiseg
bzindoongid dibaajimin Kit Carson
e-wiijkiwenmaajin Anishinaaben
jaagsowaad ngoji-wiidaasigwaa
dibajimoowinan dibaajimin wiikaaneyin bekish
bezhigoozhiiman
gaa-nchigaazninjin oodi Holland
noos
gaa-maajiinaajin ngashwon oodenaang dbishkoo
e-waabshkiiyed
gaawii wiikaa ngii-dibaajimotaag-sii wi-sa
naamkamig-moonige-gamig
maanda naamkamig-moonige-gamig gii-bekaate
geniinwi ngii-bekaayaami
e-gzigwong dbishkoo gchi-sinii-moonigan

ANISHINAABE BINOOJIINYAG GCHI-NESEWAAD

Ngii-nwaabmaag binoojiinyag gegoo nankiisigwaa
gaawiin bimaadiziiwin mina-yaamgasinoo
maanda mshkimdaang e-biindeg gookzigan
nboowin wiikiboojigaade

baapiwag
shishwegaadesewaad
bimowinaawaad zhaazhi nebonjin
zhiimewan

aa'anji zhebidoong mkowendimowinan
doo-kanwang
miinwaa nsakwe'ang paangwin
biinji-mkade-esbiken miinzisan

MAA'IINGAN GNOWAABMAAN KWE DOO-NOOJIMOOWIN NGAMOWIN

Ngamtoowan
zhaazhi aankonaaganag
epiichi-giishkonaad giishkaandigoon
njibidegin doo-dikwaansan
zhitood mshkiki
nji-sa wiiyaw
miinwaa
noojimoowin
nji-sa jiibaamon

E-MKOWENMAASOWIN NINI

Ngii-nishkaa naameying
enji-boosjigeng aazhigaansing
shkweyaang mshkode-aaboo-oodaawe-gamigoong
gii-yaa zhiwe gete Anishinaabe
biiskang e-zhaawshkwaandeg Canadian Miigaazoo
biiskoowaagan
minkwen shkwaa-mskode-aaboo
ngii-miinaa bezhig ngod-mooday mshkode'aaboo
ngii-miinik doo-biiskoowaaganim
ezhi-beshaakibiigaasowaad gaa-zhi-kendimin
enji-miigaading
bekaa dash ngii-nganaa
bekish doo-moodam
ji-depidood waabigani-sini-jiibiig
bekish ji-noojimod ezhi-mkowendang nendimowinan

E-NOODAAGAAGED GIIGIDOOWINAN NEGAAJ/ENJI-NONGWIIGANWANG

Bekish miigaadiwin
gaa-digoshing gii-kendaan
waa-zhi-mji-doodang
gii-gaajzaanaa'aa
nwii-kaane ezhi-aanji-doodang
jibwaa bi-yaa'aanh
e-noodaagaadeg giigidoowinan
negaaj/enji-nongwiiganwang
jibwaa ndaadiziiyaang

MSHKODE

Ngashi bi-skaa'an mshkode
ngashi bi-skaa'an mshkode
dooshtoon
niiwin nekeyaa esseg ki

naanaagweying
naanaagweying

mii-ska'ang mshkode
bi-mi-wiisinimi
bi-mi-wiisinimi
mshkode skagaade

GAA-NI-MJI-DOOJIGAADEG

Ngi-nwenmaag binoojiinyag
bekish nwaabndaan gaashiwaan
e-zhi-dengwa'waang
e-jaagnaagok miinwaa
mewzha gaa-zhibiigaadeg nagay
zhibiige-aaboo e-mshkwiiwang
gegoo zhibiigaadesinag mziniganing
miinwaa mskwiiwang biinjina-wiiyawing
gdimaagzi/biikshkaa miinwaa mshkine
nshkaadiziwin
nesaabaayig monpii waayese-nagaazwin
baakshkaagin nakaazwinan
e-giibineseg gete-gamigoong
miinwaa e-webanogaasjig daabaanag
maabiishnoowaad shiweying aki-miikanaang
animoshag bi-miptoowaad
ezhi-maawnjidowaad
binoojiiyag bimiptoowaad
maamowi-mji-doodimoowaad

EKI-JI-GAA-DEG

Nwii-bskaabitoo neyaab akiing
miinwaa jin-nsagwaa jiibayag e-mansandaagowaanh
megwaa

Nwii-bskaabaatoo neyaab/baashji mbagaabik
miinwaa zhiishaagonegan
miinwaa ji-daagnangnamaa ziitaagan mbaneying

Nwii-minikwe biitweying ninda baakshkaagin
aazhibikoon
miinwaa ji-daagnang miinwaa aki

E-PIICHAAG

Temgad ngaasjigewin nji-sa giinwi
miinwaa nindowendaan gbeying miinwaa gbeying
nindwendaan maanda ji-maajiiging
piinash ji-zhaabwiiyaanh monpii mshkodeng

waasa miinwaa ooshme waasa ndi-ni-zhaa
bimowidoowaanh maanda baakshkaag aazhibik
nbimse/nbimbatoo/nbimoode
ni-ngonaagozing eni-zhi-miinaandeg

gzowaabing ooshme eni-piichaag
kaawiin nbizinzii
maangaashak minik bimidaaziiwin bangshinoowaad
nwiiyawing
biitweying yaa'ing ni-kooshinowaad enji-biidaabong

BIMOSED/MAANDA KITIGAAN

Bimosemgad maanda giigidowaans
maanda kitigaan
noodin nooj ngoji-naasin
e-miinaazod dibik-giizis bi-mookse
bgwaji-dibik-giizis ndowaabnjige
mchidiiyebinige
e-nchiimaaksing wiiyawba
aki-maajid
begaashnag
nbowin/nbowin boodaajigese
aabitoo nboowin
bimaadiziwin njibideg
bjiwiimgad wii-makang bsaandewin
bimaasemgad maanda giigidoowaans

GIIGIDOWAANSAN

Aabdeg ji-nchi-naaj-kodek
ninjiin e-mjishgok
bgoji-noodin
gchi-twaa endaagok
nagay e-gaashkibinin
e-mogaadek wiiyaas mzowe
baakaganeshin kanan
e-mskwaak gimewan
jiibayaak
nbowin
mchidiiyewin
maaba bgoji-niniins e-maajid wiiyaw
e-zhitoomgak
maanda bimaadiziiwin

EZHI-WIIYAWANG EMKOMIIYAAGIMIG NBIISH

Gchi-giigooyag baabiitiinaa'aa wi
ji-ngideg
gweji-ngowendimoowaad wi wiiyawang
giitaawbizoowaad ji-zhaabwiimgak
bgosnedimoowaad ji-miijiwaad
ji-gaajzamoowaad
negaaj piichi-maasing
ezhi-mkowenjigaadeg
e-mskowiimgak
e-mkomiiwang

E-AABJI-ZHIWEBAK

Pii migizi nsaad yaabe-bizhikoon
miinwaa zhaawnong-gchi-migizi gaashkadong kina
wiiyaas kaning
bekaayaawin ndowin kwiiyawnang
dibik-giizis miinwaa da-niimi
enso-naanmidina biboon

KENDAASWIN EPIIDIZIIMGAK

Giigidoomgad sabaab
ezhi-dkoobdeg
nchii'iigemgad
nagaazowin
waayedowaan kendaan
gekendiziiyang
bekaayaamgad
nji-sa e-noondaagesgwaa
aanjiiwag
nendimooiwin
dooning

EMBAASJIGED

Niibing maamowi
baashji-waabaande-gindibaanganan
e-mbaasjiged waa-kwejimowaad enaamdang kwe
noodin noodj ni-naasin
baashji-sabaabiinswong enji-kosing
zhiwe ninjiin gegoo-e-zhiwaasnok enji-wiisgitoomgak
dkoobdood e-kaadiwid dibik-giizis ji-mjimsing
gaataaying masadaang
getin wepdang e-piichii'id
ezhi-waabdang
nesaabaayeg e-waabigankaadeg siniin
ni-ngadaan doo-ninj-emzinaakideg

BIIDAABANG ENJI-DOONWID

Eni-ngwaakideg shkoden ningoshkaanoon
ndoo-aabzaamaa
miijiyaanh bzangwaabwinan
ndoo-shkiinzhigoon

doo-ninj gba'aan mji-minidoo-bwaajigewinan
doo-ninjiinsman naagdoonan miigaadowin
ezhi-waabid
doo-wiiyawim dooshtoon zegaamdamoowin
ndoo-wiiyaw ezhi-maansandaagwiyaanh/waasa

MAANDA ZIIBI

Negaaj e-giigidomgak ziibi
genowaak menowaabminaagok ziibi
ebi-niisjiwang yaaying nekeyaa

bzindaagaadek ziibi
e-baagnigemgak biitweying Okanagan
bimowidoon giigidoowinan gibimaadiziiwinan nji

baashji-waabshki-nbi
baashji-waabshki-nbi
e-piichhiyimgak kidowinan/noondaagewinan

bimoodood ode'en
bemaadizijig nji
oodi nekeyaa mshi-ebiyaasgwaa

NINDA ENAAKGONIGOOYING

Ngii-gnowaabndaan eni-zhi-ngwaabminaagwak
gdi-naabwin
kina go
eni-zhi-naakshimgak gbeying

ninda e-naakgonigooying
gaawii maamdaa wii-aanjitoowing
e-nigwaabminaagok nendimoowinan

nindwendaanan gdoo-kanan
ngii-ndowendaan gdoo-baapiwin
zegaamdamoowin/ni-zaagjisemgak

kina ndoo-zaagji-tibjiiyebinaan
nongo dash
miigo-eta dibikadiwin enkwetaagemgak

ninda enaakinigooying
gdoo-gaaskinazootaagwos/biidaabang
eni-zhi-naaksimgak/bezhig jiindiwin e-nboodewang

ngii-pichi-siignaan bangii mshkode'aaboo
enji-ngo'gooyan
miidash gnowaabdamaa eni-zhi-mshkowaag
zhiwe name-gamigoong gojiing kiing

GSHKIGOOWIN BEKAA WII-YAA'IN

Gdaa-ndoomoonin sabiing
zaam dash gdaa-biigibidoon

aasmaatig ndaa-zhitoon
zaam dash gdaa-niisaakibidoon miinwaa ji-mgising

mchikan ndaa-zhitoon
boo'ooj dash go daabiindigeyaawaasgemigad zhi
pakojiganing

wiindimooshin ge-zhi-napininaa?
megwaaj na mdaaswaak miigaazoo niniwag
daayaawag bekaa-ji-yaa'in?

maage bekaa gwetago bezhig kidwin miinwaa
zhoobiingwe'aaboons
ji-daapnagwaa gdoo-nangwiiganag miinwaa
ji-gishkiwinaa bekaa ji-yaa'in

NMISHOOMIS/SINIIN

Ngii-maajaami ezhi-bimaadiziyaang
ngii-ngadaanaa
gaa-zhi-waabmigowaang/ gaa-giishtoowang/
gaa-zhimnjimenmigoowang

ngoding biboong
ngii-maamowi nkweshkodaadimi ezhi-giitaawsing
gchi-twaa-aadiziwining
bzindoongidwaa gmishoomsinaanig/ siniin

bekish biijmaagog
wiinganshk
kina gaataaying yaayang

noojimooyang

GMINJIMENMAAG NA EZHI-KINOOWAAJIGAASIIYAN?

Niboode'ig goon
Gminjimenmaag na gonda nwiiyawnang
beshaakibiiganag?
Gminjimendan na gimewang dbishkoo zagaganan
bangsing mtagamig?

kii-kid ji-mjigninaa piichin
kii-kid gii-zoogpog ko Baashkaakoding-giizis
kii-bimase epiichi nkweshkoman noodin

dibik-giizis ezhi-aakozii-naagozid
gdoo-shkiinzhigoon gdoodooshming
baabiichige enji-tkambizowaad
shkode-daabaanag

ngii-baabiiyaanaanig shkode-daabaanag
ngo-shkode-daabaan-mkak neshkaadizijig
emkadewsijig kwewag

gdaaw aki
dbishkoo e-naaniibwid anong
ziigijiwang kina akiing

NAANGSHKAA

Nii'ii sa maajdaamgok miigaadiwin
eshkam ndi-dibikad
miinwaa dkwonwe-niniwag gaawiin gwaya yaasii
enoondang/gaawiin gwaya yaasii
gdoo-shkongangonaanin gebying biboong
bimoodemgak
e-gizhiiyaandegin miinwaa e-zhaawshkwaandegin
wiigwaaman

kwewag ngamwag name-gamigoong
kwezensag getin gnoonaawan da sayenwa
wii-boontaanid/BOONTAAG
mii-maandaa pii-maajtaamgak zegaamdamowin
monpii shkonganing
kwewag njibzowag
niniwag miniwkewag

gawiin gwaya giigoonke-sii
gaawii gwaya nokii-sii
moshkene name-gamig
miinwaa gdaa-nsinaaning gzowaabiiwag
be-bezhig

bi-digoshin e-waabshkiiyed zegaamdamowin
zaagdoodeg oodi-enji-biitooshkibiiseg
ode'ewan maamowishinoowaad doo-kanwang
bekish dash go nididibikag ni-maajii-nangshkaa
baashjeying e-gizhiiyaandegin miinwaa
e-zhaawshkwaandegin wiigwaaman

GCHI-SHPIMING GIIGIDOOWINAN

Mii-monpii
Gzhe-minidoo gii-saad
Anishinaaben

Mii-monpii
Ngii-jiijiikiidan
Kina-nkaadan

Mii-monpii
Enji-shoosgagaadeg
Wiisgitoowin

MAAJTAANG/MIINWAA

Bedaanh-zhemgwad
ni-moodeyaanh enji-mtakimigaak ensaaksing

maajtaang miinwaa/maajtaang miinwaa dibikag
maajtaang miinwaa aanji-mgishnang

maajtaang miinwaa bzigwiing
maajtaang miinwaa/maajtaang miinwaa

e-gashijig/e-oosjig/e-gwisjig miinwaa
e-wiikaanedijig
e-dowemjig miinwaa e-daansijig

naanoondaagozing/bwezong miinwaa mowing
ezhi-giizhigadoong
ni-piichi dibikaag

maajtaang miinwaa bekish bezhig
e-ninjii-mookdaasowin
aanind maadiziwin ndoo-kaning

NI-MAAJAANG

Gmizinibiiyaanaa miikaans
ge-maajiidoowing bekish jiibayeg

wily shkinii-kwe
wily shkinwe

jiibayag ezhi-skwaajigeseg mide
minik-kina ge-gete gaateg

jiibayag ezhi-nwendaasying
bekish kii-mide e-zhi-waaseyaazhesigooyin

miinwaa niin ooshme shpiming ndaa'aa miikaans
piinash gnokomis
ngii-nendam ji-nbowaanh minik
gaa-baapiitaapiyaanh

yaa'in shweying yaa'aanh
ezhi-niizhying wewebenmong wii-ni-maajaaying

OOSAN ENJI-NGO-WIND

Gwek eshsing waabshki-bkwaakninjiin
geyaab mjignaan nesewin gaa-nbojig

doo-shkiinzhigoomowaan waa-nbojig
gaawiin maamdaa wii-ngijibweyeng/maanda
ngokaan

giigidoowinan minawenoon/nboode'enoon
miinwaa bekaatenoon
mshkii-wi

ninjiin/kina mskwii-winoon
namewinan tenoon bkwaakininjiing

GIIWENG BI-NJI-BAANG GBESHII-GAMIGOONG

Bezhig gwiizens
aabito-dibik
miseg
shashwesenig wiiyawim
bezhig kwezens
zigidaabaadang
eshashwesenig wiiyaw
pii niibing
aakoziiwin
mooshkin kina biinash ni-digwaagik
monda nekeyaa
ninda zhiwe-miikanaang miikaansan
bi-nbaan nindan tikokiiwinan
piinash bi-waabang

AANDEGOOK NGI-WIINDIMAAGOOK WII-BI-ZHAAD

Dbishkoo ebaaskaag waasetchigan-naabik
ngii-zhi-gook
gii-bnaajtoonaa'aa bekaayaawin
megwe-mitigoong
ngii-wiindimaagok
megwe-gooning
megwe-enji mshkooding noodiwin
gii-bi-zhaa
neyaab gii-ngo-naagozi
dbishkoo enawe'ig
biigseg waasetchigan-naabik

GIMEWAN-WAAKEGAN-KWE EZJI-BIGIDNAANG

Mii-monpii gii-niimiyin
wiijgaamad gimewan-waakegan-kwe
kookimis
mii-monpii noos
enji-wiijgaamaad gewii
nwaabmaa megwaa nongwa nmishoomis
kwiijgaamgonaa
ndoo-biimskowebinig
ndoo-kanan mdwesenoon
ndi-binoojiinmag bi-naabiwag
gete-yaawid ngii-zhi-iig
megwaa dash nongwa
mjignaan doo-ninjiin
siginjiitaawan wiinwaa nji

ENAAKGONIGAADEG GIMEWANG NJI

Bekish gimewang ndoo-zhige
bekish gimewang ndoo-zhige
bekish gimewang ndoo-zhige

mzinchiganag
kiin
mzinaazyin

MKADE-BIGIIW MIIKAN NIGAMOWIN

Aanii, niin ndaaw
aabiish yaa'in?
aaniish ge-zhi-digoshnaa yaayin?
monpii gonaa eta nga-yaa
minik eko-dibikaag
mii-wi minik ge-ndowenmiiyin
monpii gonaa eta nga-yaa
piinash waayedoowaanag boontaawad
baabiimskobizowaad
mbimi-noopnadaanan nindan
daabaani-waaskonenjiganan
eko-bimaadiziiyaanh
maanda naakshig nji-zhichigaademgad
e-noweyaasing e-njikezijig bebaayaajig
naanoondaagoziwaad/naanoondaagoziwaad
eko-biikshkaagin aazhiganan
miinwaa e-jaagsing waabigan-sini-miikanan
bemooshiwaad
gdoo-aajkinganing eko-mkowendimong
ezji-gypsy-wing
monpii nda'aa naagdoowaanh
maanda dibamdakwe e-mzinching ninjiing
nbimbizoochige gbaaksing ndoo-shkiinzhigoon
eniko-dibikaag
ninda waasmooni waaskonenjiganan
nekeyaa zhinoowang
neyaab gchi-miikanaang

WESIINYIG ENJI-NCHIGAAZOWAAD

Nginowaabmaa bizhikoog
biinjiying neji-nchigaazowaad
gchi-nokiigamig e-ji nshkaadinmong
biinjna miinwaa nooj-gegoo mshkikiin ziigsemgad
kina-ngoji

enji-ntaageng/ntaageng/aageng/geng
noondwindwaa ooshime mdaaswaak nchigaazowaad
ni-aawon niibina mbiigwe'ig
bekish niibina ekgchi-toowaa'indaagok wiiyaas

BEKISH NEBOJIG GCHI-WAABGANOOJIINYAG MIINWAA E-JAAGSING KIDWENAN

Nitikokiing miikanaang
eni-nji-dibikag
besha shkweyaang miikaanang

gchi-waabganoojiinyag damoowaa'an nebonjin
waabganoojiiyin
miinwaa nbizinshe/e-jaagsing kidwenan
ndooning

wiikwepinaak dibik-giizis/nengaaj gaataaying
nwiinyawying
kidwaansan aanji-ndaadizinoon
noondwaag gchi-waabganoojiinyag jiichiikojigewaad

NGO-MKAKOONS ENI-NGONAAGOK DIBAAJIMOOWAANSAN ENI-BIGASHKINAAG TENOON MCHISAGOONG

Ndoo-ziignamaadis bezhig ebiiteyaagimiseg
ndoo-wiikiboodoon gejiying egwiindeg
e-waabshkaagimiseg
ni-nengdanmaa Mozart's naazhaabiigigan sonatas

e-piichi-zaagiyin ngii-gchi-mookshaagonan
ezhi-bgomshkaag aakoziiwin
naazhaabiigiganan gii-maajii gaaskinootaageyaanh
nengaaj
ngii-aatebidoon dash, gchi-boojidiiw

maanda naakshik dani
mwaagaade
bzaante

nminkwen e-biiteyaagimiseg
bineshiinsag nbizindoogwaa
ezhi-nwebsigwaa miinwaa ezhi-waabaandegin

maanda naakshig aawan ngo-mkakoons
dibaajimoowaasan ezhi-waabaandegin
bgashkinag mchisag
ezhi-bgomshkaag aakoziiwin

nminkwe
jibwaa waabang
jibwaa noojimogwing ge-giinwi

GII-AAWI MESHKOOMAAGOK MINAMAAKCHIGAN NINI

Nbi-mi-njikewis pane eko-bimaadiziiyaanh
poogine baapaashkizagwaa
gaa-nbojig dibaajimoowaansan eshtoojig miinwaa
gaa-nbojig waaneshkaanyag
Leonard nbiidaag bkwezhigan
Irving nbiidaag zhoominaaboo
epiichi-nshinaajtoowaanh dibaajimoowaansan
gaa-zhitowaanin
biinji giizhigoowaandeg
biinji-mshkikii-odaawe-gamigoong
miinwaa enji-dibikaag

NONGO EZHINAAGOK ZAAGIDOOWIN

Ishpiming nji/aazhiweying
ishkode-nchiwaad oodi Dresden/Miigaadiimgad
aki/25 000
ngidendimin ngoji-bizhiki/gzowaabiiginindowaa
mdasswak atikook

ishkode-daabaan biidoonan
zaagidoowin maajiibiiganan
ebinjibidegin oodi Disneyland

nchigaazowaad 40 000
ngoding ezhi-baashjiideg
ngo-kimig

eni-zhi-nbode'endaamaa endaayaanh/ndaakos
bi-zhaayaanh
endaayaanh

MAANDA BAATAADIWIN GAAWIIN AAWZINOO EZHI-ZAAGIDING

Ndoo-baataadiwin
zhi-aakaakide dbishkoo mji-minidoo
mskwi-e-wiikiboodood
gaadebinigwad giizoon
pii-nbod
ngii-kendaan zhaazhi gii-gzowaabiiyaambaa
ziibiing gaa-zhichigaadeg gimewang/bwaajigeng
daapinigaadeg waaye'aa aki
e-kwaabiik nbewin

EZHI-GAASNAZOOTAADING NBIING NDI-NI-AANJ-NAAGOS

Dibaajimoowaansan e-shtoojig giishkwebiiwaad
miinwaa giipzhewaad
nmooshtoon gwondaaganaang ezhi
wiishkiseg/bekaateg
piinash ji-mbibdeg/maajaamgok
giibnebinigemgak kidwenan

aabitoo biikshkaag pii
ezhi-giishkishing
ezhi-gaasnazootaading nbiing ndi-ni-aanj-naagos
ni-mookseg gegoo-e-paswong
epiichi-mshkoowendong ezhi-webjiwang

OZAAWAA-WAASKONE ZHOOMINAABOO

Pii-shkwaaj gii-maamowi-giizhkwe-biiying
miigo-eta ozaawa-waaskone zhoominaabo
gaa-gegoo bekaanag
pkaan ge-zhi-ngi-jibwe-ing
ge-giinwi eta
gbe-dibik
kii-niimi waasa e-waaseyaazheseyaad anangook

ENI-ZHI-DIBAKAAMINAAGOK

Iw Sally Ann bikwezhigan gegoo e-biitoosjigaadeg
aankoosenh-daabaanens wii-noongbizo
enji-daminoong
miidash e-giiwzejig mookiitoowaad
dbishkoo Anishinaabeg e-mzinaatesjigaazjig
John Wayne mzinaatesjiganag

gaashkwebiijig maawnjidiwag oo-di
odaawe-gamigoonsning 7-11 e-shnikaadeg besha
wii-jiichiikamaawaad baakaakwen e-zaasgokwaanjig
miinwaa piniig giikonaasag

ndoo-nooskwaadaan antifreeze e-zhinikaadeg
dibikaag kina mooshki ngii-ngwaabnminaagozimi
kaagegoo ndoo-gjipdaziinaa nbewin

EZHI-AANJ-NAAGOZING

Nmiigwen nbimaadiziwin naanan-biboon
nbimaadiziwin
aawiyaanh bemaadizid

Miidash miinwaa gii-nokaaziiyaanh
eko-mdaaswi-shi-naanan nsabiboon nbimaadiziwin
mi-gaajiiyaanh miinwaa kendiziiyaanh aaniish iidik
(aabitooziinh)

Ngii-ni-zhi-nbimaadiz dash pii nash mdaaswi-biboon
bimaadiziwin
gweji nzidiziiyaanh

Nga-bimaadiz minik ge-ni-bimaadiziiyaanh
gwejtoowaanh ji-mnjimendimaanh wenesh
gaa-aawong bimaadiziiwin

BEZHIG

Kii-nsaakinaan gmiskwiiyaabiiginigan miinwaa
kiikid dash
miimaanda ndoo-mzinbiige-zhinoomaage aajkingan
ndanboodewiz
e-yaawong gegoo ge-gchi-piitendibendimaa
miinwaa ji-kendimaag giizis gegaa ni-ngonaagozid

gnoondoo na ndoo-wemnaa
gweji-ginooninaa
e-piichi-gnoowaak-nwiisgineziwin
ninjiing?

gnoondoo na
monpii siniing
monpii nbiish e-ko-bejiwong
bekish nindan gchi-biiyaabkoon nikaang etegin?

ngii-naaniim
aabito nde'em
baabiitoowaanh mkade-biboon
miinwaa goon dbishkoo paangwi
gdoo-naanoodaawgoziitoon

bekish mkade-giizhig paangiseg
nimiswendam ji ni aaptoojiinaaba
dbishkoo ngo-dibishgaans nini nwiins

nwii-mwidoon maanda mekowendimaa ninda
mzinbiiganag
oodi nekwyaa enji-monaseg
miinwaa ji-maajiidoowaanh aabito baakshkaag
akiing

ZHIGAAK!

Zhigaak daa-ni-shashwe-diiyese eni-miikan-aawong
shkweyaang endaayaang ni-dibikaag
gimaapiij dash eko-bimiseg ngii-mkowendaan
pii-gii-aawong maanii-giizhigak naakshig
ngii-mno-waangos
gaawii wiikaa gii-waabmaasog
ndayiim gaawii
gaawiin

AANJI-ZHICHIGAADEG WAANIISAAGSEG

Noodin getin
bezhigoozhiinsing miinzisaang
biinje'ing ebgashkinad animosh gaa-waajin
nimadibiwag giji-gchi-zhichigewin
bgashkinag
bezhigoozhii gshkazhiig mdowesewag
ni-maajiyeseg
megwe noodining

MAA'INGANAG BIYAAWAG ENJI-GBESHING

Ooh netaagiiwsed
bzaanshing
wiiyawim mzinseg gooning
animoog eyaajig zegiziwag
miinwaa daa'aaziinaa'aa gishkiweziiwin
ni-maajiiptoowag dash
haw!
g haw!
ezhi-biboon dibakaag
ni-gba'aang shkiinzhigoon

PIICHIYAANG KOJIING EKO-NSING/3

Kwezensag
niigan nitaawag
zhooshniwaad
shkwaandeming
zhoonyaa
ninjiing zhiibaabidemgad
daabaanag
shgwaanaa'an wiiyawoon
neyaab zaagjiwe'ing
miikanaang nekiyaa

NETAA GIIWSED

Mskwi njigaak nekeyaa enji-nbiishi-goonkaag
baashji mkoming
wiiyaas ni-nchiimaagwod

ni-dkamse-wag
moozoog/ndiban
enji-mitigoonskaag

maanda e-bekaateg aki
aankesh ezhi-waabaanged giizhigoong
giiwseg akiing miinwaa nchigaadeg

NGADIMAN GCHI-OODENOO BIINJEYING YAA'IN

Nswi dibagaans epiitaag giimooji-zaagidowin
bekish bezhig ekakidezid sin aasmaatigoong
gii-ni-maajaa/gii-ni-maajaa/gii-ni-maajaa

nikan emshkoowaagin
giminjigwongonan
gnesh go gbedibik

wiikwepnigwon ezhi-sabaabiiswang gidenh
gaataaying mkade-bigew-miikanaang
e-gnowaag

nminjimendaan gii-baamseyaang
nbezhigoozhiimnaa geye
baashji mshkode-daabaan miikanaang
miinwaa gaaskinazootoogewinan gii-aabji-tenoon

gii-ni-maajaa/ni-maa-jaa/maa/jaa/jaa

bezhigoozhiig gii-ni-aakwaadiziwag
gii-miptoowag wenpash
ni-ngazhiwaad
zhiweying
mshkode-daabaan miikanaang

gaawii kashtoosiin ji-zhoobaakinaman giizis
waaseyaasiged
maage ji-zhiweniman
yaa'aanh nekeyaa
shkweyaang ekakidezid waabigan asin/aasmaatig

giizis e-zhiwaaseyaasiged aadshin
ezhi-bezhaagbiiged gwek
biikshkaa
etago ezhi-zhiibaaseyaashed

GZHE-MINIDOO DA-KWEMAN

Ngii-shkiniigmi
gii-kida kwe
Gzhe-minidoo
gii-kida kwe
geyaabi wi pii gii-zhiyaan wesiinyin
miinwaa ziibiin gii-zhitoonan
wedi zhaawnong Sasketchewan wii-toonaaban
oodi nekeyaa Greece
wa dash kwe gii-gshkiiyaan wii-zhidchigesig wi
miinwaa wii-zhinkaanaad animshan/gaashgak
miinwaa gaashgag/animshag
kina gaya gii-ginoonaan ji-zhichigesig wi
kwe gii-kida
kwe gii-kida
esna nishin niin yaawid
ji-wiindimoowag waazhichiged

NKWESHKOONINAA MIINWAA

Enji-gmewang nibi-mi-nbaa
miinwaa enkaasigwaa mshkode-daabaan-gamigoon
mii-maandaa e-kidyin
bimaseng giji-nbiing
mii-maanda e-kidyin
ezhi-bimaadiziwaad nebowa-jig niniwag
gdi-nendimoowin maanda
maanda oodenoo aawon eta e-giizhigoo-aandeg
mkaade-aaboo-minikwe-gamig
shkwaa e-giizhigoo-aandeg
mkade-aaboo-minikwe-gamig
miinwaa gaawiin
da-gziibiigaadesinoo waanaagok
pii-nindan biboongak
biinji/biitweying yaa'ing

NBIIJIMAANDAAN NIIBIN GDOO-NING

Nbiijmaandaan niibin gdoo-ning
njiindaanan gbibooni gbepeshaabiigaansan
aki gaanji-ndaadisiimgak

nbiins tibjiiyebideg
niisbideg kidaakiiyemog
naami-dibik-giizhigoong

kwii'yawim ndoo-wiikwepinigwon
ndoo-ndamgwon
biinjeying gdooning

ndoo-zaagjinaam
miinwaa ndoo-maandwe nekeyaa
gdoo-ning

EZHI-WAABNJIGAADEG NEGAAJ-NCHIGEWIN

Namdab desgaaning
piichin naakshig
piichin kizheb
piichin bgoji-mziseg geye

Nginowaabndaan ni-dibikag maage bii-waaseyaa
bimoodemgak
oodi giizhigoong booj dash wiigo pane ndoo-anishim
mi-yaad
ndoo-animshim gweji-tkomaan niimkii-dkomon
e-maamowiyaajig
maage ebooniijig enji-nbiinswang

Ndoo-nmadab miinwaa ndi-naab
oodenoo bi-bgoji-niniins aabwong
nisaan e-yaanjin
epiichi biigweg

GNOWAABAM GONDAA EZHI-BESHAAKIBIIGAAZIYAANH NWIIYAWYING

Gondaa bezhaakibiiganag nwiiyawyng
giiwnishkiwag
kwiinmaadizemi
ji-aabji-bimaadiziiying

wiinwaa
gaawii wiikaa da-noojimosiiwag
nga-yaami
gaawii wiika ka-boongetooziimi

gbi-zindaami
gdikidomi
gdi-yekozimi

E-WAABMIN KWE WII-BI-DISIN

Kwe pii gnowaabminaa
nwaabndaan aki
bi-ndaadiziimgak
nbiish biikshkaag
aankwadoon bi-mbibdeg gzidaang
miinwaa njibideg gzidensing
gimiwan njibideg
kwiiyawoong
mooshkang
zhitoong bimaadiziiwin

KINA-GEGOO ESHTOOD

Nde'e-e-waanishkaanwid
niizhing gii-biikse
bezhig wii-gba'aang giizhigoong
bezhig wii-gba'aang aki
bezhig enji-ndaadizing
ngaagzowaag ezhi-wii'oowid giishkaandig
piinash doo-kanwaan
ni-aawong paangiwiwang

NBAANG NIISAYING

Ndoo-dibajimoowaasan daa-zhoobaakibidoon
giizhigoong
naanaabdoowanan esbiken-saabiinsan
biitweying ndooning
dashkaa'aan waase'aabinwin
ndoo-mskoyaabiing

naabin getin ji-zhaayin naabi-binoojiins
nindan gibaakodii-gamigoong ezhi-minjimendimaa
giishkwebiishkiwin ezhi-ndowendaagok
njigaak
debenmag ndoo-gete-oode wiisgeneswining

NEIL STONECHILD MIINWAA E-ZHI-MGOSH-KAA-JII-KAAW-GWI-YAANH

Ontario neyaab ngii-zhi-aanjii
pii wa Dudley Jaaj gaa-nchigaazod bezhig tkonenini nowiins
Alberta ngii-mi-zhiibaashkaa
bezhig pii Connie miinwaa Ty Jacobs gaa-nsigwaad RCMP nowiinsan

miidash giin gii-zhiwebsiiyin miinwaan ngoji
ngii-yaasii
ngii-nendam niin gii-aawiyaanh
ngii-nendam niin nji maanda gaanji-zhiwebak
wenesh gaa-aawong?
maanda e-bi-maansindaagwiying

geyaabi go mbimaadiz
ji-ginoonag maaba minidoosh
e-maansandaaged monpii kiing
miinwaa emaansandowaad Anishinaaben

MAA'INGAN PII-AAWONINIG

Pii ngamying
neyaab gda-bskaabiimi gaanji-maajtaaying
aki miinwaa waaseyaasiged giizis
jibwaa-maajtaamgok
gdi-ni-zhaami oodi bkogaak
jibwaa bi-digoshing e-waabshkiiyed
jibwaa nshkaadendan gchi-ginebig
mooshkang ziibiin
miidash gii-mwimgak aki
niigan yaad Gzhe-minidoo
nindan dash nigamowaansan
ndooninaaning bi-ndowegin
bimoodoong nindan waabshki-kanan
pii-oodi gii-aawong
jibwaa maajiibidegin aazhibikoon
maanda sa nigamowin
miinwaa ndoo-nigami kina gaa-zhitood

GIIWNAAJI WAABSHKIIYE-KWENS GEYAABI NBAAD

Kizheb mibiisaasong pangsinoon kwii-yawing
genowaagin bgoji-miishkoonsan
etisgaadegin gnagaying
ndoo-bgosendam ji-gnooninaa
dbishkoo aazhibikoon miinwaa ziibiin
zhigeshnaa mchiseyaanh enji-nooding
niiw dash nagaataagoziwin
doo-bgoji-ooden eniimid ndeniiwing
ni-piichi gete-wong dibikag

NIIMTAAGAADEK NEYAAB GCHI-TWAAWENDAAGOK

Ndi-yekos
e-kikwaabkoons-titaagaanskaadegin mjidoodenyin
ezhi-niimid
noopnangooyaanh
biinji-mshkikii-oodaawe-gamigoong
ndoojiibinogoyaanh enji-dkamiing
aabzaamiwaad dkwonwe-niniwag
kwedwewinan niin "eyaawiyaanh"
enji-zaawziyaanh
monpii waabshkiiye-akiing
gzidan wiisginenoon
miinwaa njibdenoon getin mtakimig
miinwaa ni-bejii'iinoon
ezhi-noojimong
migizi-boodaajigaans boodaajigaade
biish Mikinaak
bekish doo-gchi-mshkikiim
biish zhaazhi-gaa-maajaajig
e-kikwaabkoons-titaagaanskaadegin mjidoodenyin
ezhi-niimid
bekish biish Makwa geye
enishid nwendaagan
goshkozin gbeying gii-nwebiyin
nimkii-bineshiinyag
bembizjig giizhigoong kino ngoji kiing
e-boonmajig gchi-shpiming aazhibikoong
miinwaa Mishibizhoo
ebi-bigizad
ebinji-wewebijiwang
gdoo-niimi
neyaab gdoo-bskaabwinigoo
monpii kiing
kina gegoo ebkaanag

GIISHPINADIMOONINAA WAASKONEYIN

Niin miinwaa animosh
kwii-o'giishpinadimoon waaskoneyin
oodi nekeyaa niigan desgaaning
noondaanin mdawe'aabiigsegin
biiyaabkoo-wiikbiijganan
baashji waabigani-asiniing
ndwaabdaanin aasmaatigoon
betweying e-kiiyaazjig bemaadizijig
miinwaa e-waabshkiiyejig bemaadizijig
ndoo-baajdoowaanan kina neboomgagkin wii'oon
gaa-ngajgaadegin
giinko biiwaakoonh-mchikaansan
bineshiinyag miinwaa aandegoog
gaa-gaashkibidoowaad
ne-chiimaagok wiiyaas
gewii animosh waankaadaanan naameying
ndoo-tkamsemi oodaawe-gamigoonsing
enso-waasetchigan baaskaag
doomgoonan etgin
baakshkaagin gziibnige-mkakoon
e-baashjiiyaasing bengwaasjiganan
miinwaa ebgashkinajig daabaanag
ngii-dgoshnami waaskone oodaawe-gamigoong
dash kojiing baabiichige animosh
kina waaskoneyin zhoopshkaanoon
ngii-daapinaanan aanan ozaawaa-waaskoneyin
naanag animosh miinwaa
neyaab ni-giiwe-yaang
mski njigaamgad nwii'o-naang

WENESH EGWENCHIDIG GE-ZIBIIGEPA ENDAAD?

Gaazhag miinwaa animosh miigaadiwaad
miinwaa gwiisens noondaagozi
miinwaa mzinaatesjigan mbiigwe'eh
naaganan kosnoon
gwinan e-wiinaagkin kosnoon
giigidoo-biiyaabkoons mdwesin
shkwaandem titaagaans nagamowe-mdwesin
noongo gaazhag doopwining yaa
miinwaa gewii animosh nmadibi nkaading
geyaabi go gwaya yaa shkwaandeming
tap tap tap
miidash nmindimooyenyim bi-yaad
aabiish ndoo-naakshi-wiisiniwin?
mzinaatesjigan geyaabi nsaaksin
miinwaa gaawii gwaya gaazhag miinwaa animosh
gwinan ewiinaagkin kosnoon
naaganan kosnoon
WENESH EGWENSHIDIG GE-ZHIBIIGEPA ENDAAD?

PII-GAA-SHKWAA-SEG WIIDIGEMAAGANIYING

Ngii-nooskwaadaanan kina waaskoneyin miinwaa
kina mitigoons zhaabiniganan
gaawiin ngii-kendiziin e-gwendig
memoonji-wiishkibangwenh
waaskoneyin maange mskwiiwin
noodin temgak ninjiing
jibwaa ngoyin
gnoos enji-nbode-shiing
wiiyawem negaaj
ni-akiiwong
monpii ni-boodewiz
nji-sa waaskonenjigan miinwaa giizis
enji-waaseyaasiged
monpii enji-sigaaksimgoong
waaskoneyin niisaaksenoon
miinwaa ni-mkadeyaandenoon

BEZHIG EZHI-NIISHISISNOG NDAWENJIGENG

Ndoon
daa'aanan eta ninda ndowendimoowinan
ji-sooswaamdang gdoo-biiwaabko-mchikan egiinaag
mshkooding ezhi-bgashkinag biiyaabkoons

ndoo-shkiinzhigoon
ki-nowaabmignan
pii-gbaakshkiinshigwesing
waasa shi-dibaabaan naabinoon

gdoo-gaaskinazootaagewinan
piichin wiisganbanwan
piichin ziiwan dbishkoo zhiishiig-daaboo
ndeniiwying

noopnadoon
emskiiwong zid tkokii-kaajiganan
piichi tkoobideg nikan
gnikaang

NI-DIGOSHNANG PENTICTON

Eshkam gii-ni-gzhinaamde biinji daabaaning miinwaa
gii-goode biinjeying eshka ji-nchimaagog
bangii noodiwaanswan bekish digomaagwad
mooyich miinwaa
weweni ngii-biijmaandaan biinjeying njaanshing
ooshme gizhinaamde jibwaa shkanaamtaamaa

gii-mskwaa-zhese waaskonenjigan
ebkwaabsajig wiigwaami-daabaanag
miinwaa gchi-mooshewe daabanag gii-gbigwengwon
kina gwaya
kina go ngii-biijmaagosimi
maanda sa nji mji'ii

oodenoo naasab gii-aawon
dbishkoo naasab aanand zhaashi oodenoo
gaa-daamnemaang
naasab gii-aawon gii-gookeg mkade-bgiiw miikanaang
miinwaa moodaabik
kina biinji mkak ekakideyaagin
kina esiniiwong

gaa-yaajig dash
dbishkoo gii-aawag mziniiyag eyaajig biinji
sini-wiigwaaming
sinii-oden
meshkooding shkiinzhigoon
bekish sin niisaying miinwaa sin ishpiming

neyaab ngii-bskaabizmi ishpiming aazhibikoong
mitigoog miinwaa goon egibaa'ang sin
ngii-naab niisaying oodi oodenaang
miinwaa gii-bzaangaabwimgad
dbishkoo sin

WII-ZAAGCHIGED NDIZI EGAASHWID

Gaawii wiikaa niizh binoojiinyag nenaasaab
gashsiinwan
bezhig ooshme bangii zaagchigaazo miinwaa bezhig
ooshme zaagchigaazo

debwemgad maanda
mii-maanda bimaadiziwin
mii-maanda ntami-nendimoowin

gaashoog giinwishkaajimotwaawaan ooshme bangi
ezaagchigaazjig binoojiinyag
wiindimoowaan ooshme mshkooziiwaad miinwaa
ndowenzigwaa ooshme zaagidowin
naasab go aawan, bkaanan sho-wiigo

giinwishkoog egashjig zaam aabideg
wiizhichigewad wi
binoojiiyag dwebwitamoog zaam nendimoog
wii-debwetam

ENDAANG YANG PIICHI-GIMEWANG

Nda-goshin daawe-gamigoong 5/sha-aata
miinwaa baabiitschigeyaanh giw annind
nsim-dina niniwag
ngwankaadoon maawnjisininoon
Biitooshki'aagmiseg na?
gchi-nikaanan ninjiin wiikijiishkowaawaan gimaan
bgwaasendamowinan ni aawaanoon ngwaankodoon
baabiiaangid aw gchi-gimaa
wii-zhitood boodjidiiye-nendamowin
Wii-gimiwan gimaa?
Gojiing na kwii-zhaami?
ginowaabndaan enaamdakweng dibizhigan
enji-gnowaabnjigaadeg enaamdakweng
niniwag baabiichigewag, zigaasowaawag daabaaning
enji-baabiichigewaad
zoomdamowaad mkade-aaboo, aanind
gewii zoomdaanaa
ebaateyaagimiseg biinjeying doo-daabaanwaang
wewiip miinwaa baabiichige
gimaa nimaajaa waan-nji-nokiiwaad
daapinaamowaad gchi-nokaanwaan
nbaachigemi dash geniinwi
pii nash maaji-biisang
giw bizhik-ninwag da-ni-giiwewag
enokiijig da-ni-giiwewag
pakwe-ninwag da-ni-giiwewag
epiichi gimiwang

NDOO-ZAAGIDOWIN/MAMENGWAANYAG

Epiichi-zaaginaa aapiji
baataadiwin kitjigaadeg
nda-shigwe
kino ngwaji
gziimaa negaaj
mskiwiing
ngoding mdaas-waag waabinaakin
zaazi-waaskoneyin

JIM I-VI

I.

Kii-minikwemin wi-pii naakshig, wi-pii shkwaaj genoogkin kiikoonsag Fosters, Kina ngii-minikwen ndoo-ebaateyaagimiseg miidash gii-naadimaadizoyaanh kiin debenmaan, zaam e-aanoodizid mji-aawish ngii-aaw. Kii-dibaajimaanaanig Anishinaabeg miinwaa waabshkiiye-bzhikii-niniwag, zaam mii-wi gaa-pshigenmang wii-dibaatamong, mewzha. Kii-baapmin zaam kii-pshigendaanaa baapiyang, miinwaa mii-wi gaanji maamowi minikweying.

II.

Nminjimenmaa kwe, gii-gaachiiyen-kwens, doo wii-yawim getin ndoo-shoodaakshkaagwon. Wiidigemaaganan gii-bizhaawan, miinwaa gii-bi-bgosenmaan ji-biigiyenid, gii-kida gaawii binoojiiyag boontaasiiwag mwi-waad. Ngii-mdowesdamoowaa dash bimooshwe-daabaan miidash gii-ni-maajaawaad. Kii-ndowaa bam dash, e-baateyaagimiseg kii-miish miidash gii-gnoondiying piinash gii-biidaabang.

III.

Nminjimendaan gii-gwejimiiyin wii-naanag kwiizensim oodi Sasketchewan, megwaa piichi-biboong, ngii-mibzoochige oodi nso-giizhigad miinwaa ngii-minikwe e-waabshkaag meshkowaagmig miinwaa e-zaawaa-baateyaagimiseg. Gaawii ngii-yo'aasii gwiizens, ngii-o'nishin wi-pii gii-biboong gonad Chipewyan kwensag ngii-zhooshkidaabaangoog gooning, gewii gwiizens ndowaabndamowaad mskwi,

booj dash go ngii-gshkitoon wii-bi-maagaayaanh
zhiwe P.A. bekish kwiizensim miinwaa
giiwedin-noodin ngii-noopnangwan.

IV.

Kii-waabmin gweji-boozigooyin miikanaang
wii-o'waabmad kwiizensim oodenaang, waa
sa egiiwnaadizid. Kii-ndowenmin ji-aaskiimooyin
pii wiidigeyaanh kiikid dash enh pii bskaabiiyin.
Kii-maajiinaa gdoo-noopwaan kikoons, ooshme
wenpanad ji-boozigoong wi-nekeyaa nendimoowaad
giishpin o'nokiiyin.

V.

Noos jii-bi-zhaad niizhi-dibik gii-ni-aawong, gii-kida
gii-nboyin gii-ndagoojinan ngoji kwaandaaganing,
ebaateyaagimiseg piichi-minikweyin. Ngii-bimowidoon
gdoo-jiibaye-mkak eni-nso-giizhigak miinwaa
gii-toowang naamkamik wipii Baashkaakodin-giizis,
jibwaa mshkooding. Neyaab gii-wiindimaagaazo
kwiizensim wii-bskaabiid oodi Sasketchewan.

VI.

Ngii-minikwen aanand meshkowaagmig wi-pii biboong
miinwaa nbiishing gii-naagmi. Ngii-bzaanyaa,
ngii-minikwe geyaabi aanand miinwaa ngii-noopnadoon
ebindoweyeg meshkooding-wiikwedoong miinwaa
baabiichiged pii-minookimig.

EGWEJI-NSIDZOD NDAAW

Egweji-nsidzod ndaaw
    ezhi-bwaajigeyin
    dibaajimoowaansan eshtood gaa-nenmad

Ndaaw dibaajimoowaans
    e-baashkizowaad Zapatista maagaazjig
    oodi nekeyaa Chiapas
    ziigandaazowad Titus
    enji-mskwiiyang mtigwaakiing
    oodi wemtigoozhi-kiing

Maanda dibaajimoowaans gii
    zhibiigaade Panmunjeom
    wipii 1953
    miinwaa gii-ngogaazo biichi-bimaadizid
    bekish Thomas Scott

Maaba debaajimad gii-aawi
    gaa-nchigaazod oodi Jackson State
    miinwaa gaa-bgidnind Quebec

Maaba debaajimad
    gaa-gii-mooji-baashkizwaad Park Chung-hee
    miinwaa gaa-nagmaad Salvador Allende
    miinwaa gaa-ntami-odaaweng wipii 1510
    miinwaa gaa-ngowin piichi-bimaadizid
    oodi Bhopal

Ndaaw e-oosisig
gaa-nendimin debaajimad

GAA-WIINDEG WEGONENIWANG

Ninda aanind dabaajimowaansan gii-mooksenoon ngoji bekaan dbaajimowinan mzinaganing zhibiiga-adeg miinwaa waasemoning miinwaa zhiwe *Urban Graffiti, Dalhousie Review, Saravati, Istanbul Literary Review, Island, The New Writer, The Blue Collar Review*. Miigwechi'aag gaa-aanjibiigejig miin-waa gaa-dbendamojig mzinganan nindan sa ensa ngod-aname-giizhigad mzinganan ezhibiimogin.